RÉVISION

PAR

E. QUINET

Représentant du Peuple

Prix : 30 centimes.

PARIS

A LA LIBRAIRIE NOUVELLE

15, BOULEVARD DES ITALIENS

MAISON DE L'ÉVÉNEMENT ET DU BIEN-ÊTRE UNIVERSEL

1851

I

RÉVISION.

OUVRAGES DE M. E. QUINET.

—

Le Génie des religions.

Le Christianisme et la Révolution française.

L'ultramontanisme, ou **l'Église romaine et la société moderne.**

Ahasvérus.

Napoléon.

Prométhée.

Mes vacances en Espagne.

La Grèce moderne.

Idées sur la philosophie de l'histoire, ouvrage traduit de HERDER.

Les Révolutions d'Italie.

Allemagne et Italie.

La France et la sainte alliance en Portugal.

La Croisade contre la Révolution romaine.

L'État de siége.

L'Enseignement du peuple.

—

Des Jésuites, par MICHELET et QUINET.

Paris. — Imprimerie SCHNEIDER, rue d'Erfurth, 1.

RÉVISION

PAR

E. QUINET

Représentant du peuple.

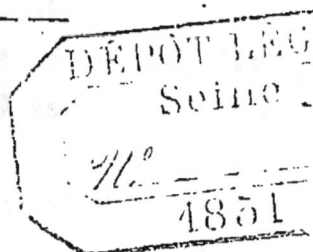

PARIS,

A LA LIBRAIRIE NOUVELLE,

15, BOULEVARD DES ITALIENS.

Maison de l'*Événement* et du *Bien-Être universel*.

1851.

UNE RÉPUBLIQUE PRISE A L'ESSAI.

Ils étaient là une nuée d'enfants qui criaient au bord d'un gouffre : République ou Monarchie ! vie ou mort ! croix ou pile ! Quel triste amusement ce pouvait être que ce jeu avec la destinée humaine : je vous le laisse à penser. En approchant, je vis que ces enfants étaient des vieillards. Ils étaient ridés de plusieurs siècles ; leurs cœurs avaient cessé de battre dans leurs poitrines depuis un temps qu'ils ne pouvaient eux-mêmes mesurer ; et ce qu'ils mettaient en jeu, c'était le sang et les pleurs du monde.

Quand ils furent las, ils se dirent : Tout vieux que nous sommes, courbés sous la force des choses, figurons-nous que nous ne faisons que de naître. Convoquons devant nous toutes les formes imaginables de gouvernements qui ont traversé l'esprit des hommes ! Donnons-nous le spectacle amusant de leurs disputes ; après quoi nous choisirons ce qui, dans le passé, réchauffera le mieux nos vieilles fantaisies.

Cela dit, à son de trompe, on vit de tous les points de l'espace et du temps arriver précipitamment des représentants de tous les régimes. Il y avait d'abord des représentants de Sésostris et de Minos ; puis il y en avait des castes égyptiennes, qui, pour pièce de conviction, traînaient après eux des momies. Il y avait des représentants du gouvernement de Nabuchodonosor. Ceux-ci se mirent immédiatement, avant toute discussion, à brouter l'herbe de la cour, par respect pour leur mandat. On voyait des druides avec la faucille, des prêtres du Paraguay avec le fouet. Après eux marchaient les députations des clans celtiques, des tribus de la Germanie de Tacite, des patriarches juifs, des nababs de l'Inde, des empereurs byzantins, des rois de Rome, des rois chevelus, des sauvages de l'école de Jean-Jacques, des habiles de l'école de Hobbes et de Machiavel, des doctrinaires de Gand, des bonapartistes du sacre, des libéraux des Cent-Jours, des monarques déchus, relevés, retombés, restaurés. Le magnat du globe prit la peine de venir lui-même directement de Panama.

Il y avait en outre un grand nombre d'autocrates, tels que sultans, beys, pachas, proconsuls, préfets de l'état de siége, hetmans, hospodars, sans compter les empereurs de toutes les Russies, qui étaient venus exposer personnellement leurs systèmes le bâton à la main. On vit même paraître des républicains, les uns de l'Atlantide de Platon, les autres des États-Unis, quelques-uns de France, tous modestement vêtus, plus pauvrement accueillis.

Sitôt que cette assemblée fut en présence, il s'éleva un effroyable orage de cris discordants ; car chacun voulait faire prévaloir sa manière de gouverner les hommes. Nabuchodonosor vantait ses cornes, les druides leur faucille, Sieyès son grand électeur, M. de Maistre son bourreau : le czar mettait par-dessus tout son knout, et l'on inclinait à son avis.

Dans cette émulation, il semblait que tous les siècles déchaînés les uns contre les autres se brisaient avec fracas; le Pandémonium de Milton n'était rien auprès de ce conflit de voix, de principes, de systèmes inconciliables qui se choquaient dans la nuit. Je crus que la terre allait s'entr'ouvrir; et, me tournant vers les vieillards qui avaient déchaîné la tempête, je leur dis : « Oh ! les plus sages des hommes, écoutez-moi avec bienveillance : Que fai-

tes-vous? » Puis, m'enhardissant de leur étonnement, j'ajoutai : « Seriez-vous les esprits du
chaos? voulez-vous y replonger ce peuple? —
Bon ! me dirent-ils : vous êtes plaisant. — En
quoi? repris-je, s'il vous plaît. — Eh, morbleu !
monsieur, nous rétablissons le calme dans les
esprits. Laissez-nous suivre la discussion. Ne
voyez-vous pas que nous fondons l'ordre et la
stabilité dans notre patrie? »

A peine avaient-ils dit ces mots, que les fondements des choses, heurtés par tant de chocs
contraires, s'écroulèrent autour d'eux; et il se fit
un grand vide, comme, après qu'un vaisseau a
sombré, il semble que la mer elle-même des-
cende et le suive dans le gouffre.

N'est-ce pas une chose unique au monde qu'un
pays auquel on propose de faire table rase de
tous les faits consommés, pour construire de
nouveau l'ordre politique par un vote d'assis et
levé?

C'est vouloir conduire une nation à cet état d'abstraction où Descartes ramenait l'esprit humain quand, y faisant le vide, il l'obligeait de douter même s'il est.

Cette expérience que le métaphysicien a pu faire impunément dans le secret de sa pensée, est-ce là ce que l'on veut appliquer à un peuple? Faut-il qu'il procède à la recherche métaphysique de son existence?

Comme s'il pouvait y avoir un moment de vide absolu chez lui! Comme si ce n'était pas jouer avec la vie et la mort d'une nation!

Quoi! vous proposez de lui dire : Ce système de gouvernement que la force des choses a produit, cette démocratie qui est toi-même, ton sang et ta vie, cette réalité qui te presse et t'enveloppe, ces faits qui se sont consommés, cette révolution qui s'est accomplie, cette terre qui te supporte, ce soleil qui t'éclaire, supposons que rien de cela n'existe. Voilà le premier degré pour un bon philosophe.

Fais un pas de plus. Déjà tu as ramené autour de toi l'épaisse nuit des premiers jours. Il est vrai que, pour rentrer dans ce vide absolu, tu es obligé de fermer les yeux à la lumière, ton esprit à l'évidence. Mais enfin c'est une nécessité de la métaphysique. Revenu, par ce travail monstrueux, aux ténèbres premières, désarmé, aveuglé, dépouillé de toi-même, de tes conquêtes, de ton instinct, sans souvenirs, sans présent, sans guide, sans conscience, te voilà réduit à la condition de l'homme avant la naissance de l'ordre civil. Toutes les voies te sont également ouvertes, parce que tu n'es entré dans aucune. Repousse de plus en plus le témoignage de tes sens ; fais autour de toi table rase. Cesse même de penser si tu le peux : c'est le comble de l'art.

La Révolution a parlé pendant soixante années : tu ne dois pas entendre sa voix. La lu-

mière a brillé dans les faits : tu ne dois pas la
voir; tes pères t'ont montré le sentier : tu ne
dois pas le suivre; mille embûches sont sous tes
pas : tu n'en seras averti par personne.

Encore une fois, te voilà tel que nous t'avons
voulu, dépaysé, désorienté, égaré, perdu dans
l'univers civil. Maintenant tu es libre! Va,
marche, avance, recule, cherche ton chemin.
C'est une expérience qu'il nous plaît de faire sur
toi.

Cette idée a sa source dans une autre qui l'en-
gendre, et qu'il devrait suffire d'énoncer pour en
montrer l'absurdité, quoique, par entraînement
de parti, elle soit chaque jour exposée sans être
repoussée par personne. J'y trouve un exemple
frappant de ces pensées monstrueuses qui, à la
faveur du tumulte des intelligences, se glissent,
rampent d'abord sans que personne les aper-
çoive, et finissent par se relever et dévorer l'é-
poque qui s'y livre. Ce sophisme consiste à dire

que la République a été acceptée par la France à titre d'essai ; idée si risible, que je serais d'abord tenté de ne rien ajouter pour la combattre, si elle n'était le fond même d'une partie de nos débats. Elle porte visiblement au front son origine ; j'y reconnais la théorie de ce libéralisme à la fois royal et boutiquier, qui, sur la fin de ses jours, se mit soudainement à penser pour le besoin de sa cause. Les légitimistes qui l'ont acceptée ne l'eussent jamais trouvée.

Évidemment nos hommes d'État sont partis, selon leur coutume, d'une observation profonde, tirée de la nature des choses.

L'œil fixé sur l'abime béant des révolutions, ils se sont fait le raisonnement suivant, puisé dans une expérience personnelle : Lorsque nous voulons un habit de cour, ou de ville, ou une livrée pour présenter une requête, que faisons-nous ? Nous nous rendons chez un fripier ; là se rencontrent divers costumes étalés ; nous les essayons l'un

après l'autre ; celui-ci est trop étroit, celui-là
trop large : nous les rejetons. Enfin il se rencontre une livrée qui sied à notre génie ; l'ayant
marchandée, nous l'achetons au rabais, et l'em-
portons roulée sous notre bras.

Il en est de même si nous voulons un soulier ;
nous en chaussons d'abord plusieurs dans l'ar-
rière-boutique ; ayant rencontré celui qui se
trouve fait de temps immémorial pour notre
pied, nous nous levons et disons : C'est bien,
mon ami ; portez ces souliers chez moi : voici
votre argent. De même encore si nous voulons
une perruque, ou une fausse dent, ou un faux
œil, n'est-il pas vrai qu'après les avoir expéri-
mentés nous disons : Cette dent est faite pour
moi ; ce faux œil évidemment m'appartient ; car
tous ces objets se rencontrent dans les boutiques
où nous allons les choisir pour nous en orner
à notre fantaisie.

De ces simples considérations, il résulte clairement que la Providence a voulu manifester par là qu'il existe aussi des boutiques de gouvernements à l'essai, tout faits, tout drapés, tout fripés à l'avance, sans que le gouverné ait besoin de s'en mêler. Un peuple qui passe désœuvré dans la rue, et qui se trouve par hasard sans gouvernement ou sans religion, et sans moyen de s'en fabriquer, s'arrête incontinent ; puis, considérant toutes les formes politiques, religieuses, sociales, qui sont exposées aux yeux, il prie d'abord qu'on en enlève la poussière ; cela fait, il dit au patron :

— Chaussez-moi d'une royauté. Combien vaut-elle ?

— Tant, dit l'autre.

— C'est trop cher ; n'en fabriquez-vous plus de nouvelle ?

— Rarement.

— Et cette aristocratie ?

— Ah ! c'est pour rien ! Quelle occasion ! Profitez-en.

— Non, pas présentement.

— N'auriez-vous pas, par hasard, une bonne démocratie de rencontre ?

— En voici de toutes sortes : de légitimistes, de bonapartistes, d'orléanistes.

— N'en auriez-vous pas de simplement démocratiques?

— Essayez ceci, monsieur, sans vous gêner, et dites-m'en votre opinion.

Sur cela, le peuple en bâillant, ses membres étendus, essaye, endosse, chausse en une heure toutes les formes de la boutique.

— Voilà mon affaire ! dit-il enfin. Le cœur joyeux, il emporte, sous son bras, tout roulé dans son bissac, tout brodé de mensonges, tout cousu de fraudes, tout fabriqué de duperies, son système de gouvernement. Arrivé à la maison, il se trouve que le système est usé. Ce n'est bientôt qu'un haillon. « Quelle mauvaise boutique de charlatan ! » dit le peuple à son fils. « J'ai repoussé le pire, j'ai choisi le meilleur, et pourtant me voilà pieds nus, sans argent, sans idées, sans feu et sans système ! »

Jusqu'ici, on avait pensé que l'homme était pour quelque chose dans les choses humaines ; qu'un système politique naissait à son origine d'une certaine foi que les hommes avaient dans certains principes, que cette foi était nécessaire pour engendrer une institution quelconque, qu'en un mot la première affaire pour fonder un gouvernement était d'y croire. Tout cela est changé. Nos grands hommes viennent de découvrir que la société n'est pour rien dans son système social, une nation pour rien dans sa nationalité, la foi pour rien dans une religion, les idées d'un peuple pour rien dans son gouvernement populaire.

Selon eux un système de gouvernement, République ou monarchie, peu importe ! est une machine inventée, montée on ne sait par qui, en dépit de Dieu et des hommes. Loin d'être faite du sang de nos semblables, de leurs idées, de leurs passions, de leur souffle, de leurs croyances, l'ordre civil et politique n'a aucun rapport avec eux ; ils n'ont besoin ni de l'aimer, ni de le haïr, encore bien moins de s'y fier. Pour fonder un système social ou politique, la société n'a qu'à se croiser les bras, indifférente comme à une expérience de physique.

Le système social, toujours poussé par on ne sait qui, passe, défile devant le peuple observateur, et fonctionne comme il peut ; cela ne regarde en rien l'esprit humain. La machine fait de son mieux ; elle roule, elle s'arrête, crie, légifère, quelquefois se couronne, souvent se découronne, sans que jamais ni Dieu ni l'homme ne s'en soucient. Imperturbablement debout, au bord de la route, la société, toujours les bras croisés, se contente de dire : Voilà décidément une jolie expérience. Je me procurerais volontiers une de ces machines qui me dispensent d'exister. Mais comment peuvent-elles si agréablement se mouvoir? Auparavant, on avait supprimé Dieu, et, tant bien que mal, je l'avais compris. De nos jours, voici que l'homme aussi est supprimé. Comment donc peut aller la machine, sans mécanicien? Qui la pousse? qui la raccommode? qui la restaure?

Alors les plus avisés montrent du doigt un petit automate de deux pouces au plus de haut, ce qui le met à la portée de tout le monde. Voilà l'âme, disent-ils d'un air entendu.

Telle est la doctrine nouvelle sur l'origine et la formation des sociétés. C'est sur cette profonde conception et sur les épaules de ce petit homme qu'il s'agit, pour tous les hommes sérieux, de rétablir aujourd'hui les fondements ébranlés de la religion, de la propriété et de l'ordre.

Quel dommage que cette théorie ait attendu
six mille ans pour paraître! Quelle énorme dé-
pense de cœur, d'esprit, de génie, de vertu, de
gloire, de sincérité, d'héroïsme, elle eût épargné
au genre humain! au lieu de sa vie de labeur
constante, quelle grasse vie oisive, si, se croi-
sant les bras, il eût laissé faire l'automate!

D'abord, je le maintiens des Grecs, nos maî-
tres encore, à l'heure qu'il est, en toutes choses.
Avec tant d'esprit, ils n'ont pas su se dire : Que
la République fonctionne comme elle voudra à
Marathon, à Salamine, à Platée, et dans l'aréopage; pour nous, assis et mangeant nos olives,
nous assisterons volontiers à l'expérience; rien
de plus, rien de moins. Si ces hommes eussent
parlé ainsi, quelle agréable carrière eût été la
leur! Jouant aux osselets, ne s'inquiétant du
reste, ni Miltiade, ni Périclès, ni Sophocle, ni
Socrate, ne se fussent ainsi travaillés pour l'honneur de la République, quand ils pouvaient si

bien s'en remettre de tout, patrie, poésie, félicité publique, arts, sagesse, à l'automate, qui eût
fait volontiers à leur place l'expérience de la
guerre médique et du Péloponèse, du système
des chœurs dans la tragédie, du système de la
démocratie dans l'aréopage, du bien et du mal
dans la philosophie, du beau et du laid dans la
statuaire, de la gloire et de l'opprobre dans la
postérité.

Pour les Romains, ils avaient l'esprit à peine
dégrossi. L'idée si simple, si lumineuse, ne
leur vint même pas de prendre Rome à l'essai,
de la laisser fonctionner toute seule, se réser-
vant de la garder ou de la rejeter plus tard, suivant qu'elle se tirerait bien ou mal de l'é-
preuve. Avouons, toutefois, qu'il eût été beau de
voir Rome naître sans les Romains, vivre sans
eux, grandir sans eux, remplir le monde sans
qu'ils y parussent, et, l'expérience accomplie au
gré de l'observateur, César s'accommoder à peu

de frais d'une si bonne machine. Grand Dieu! que par ce moyen ces gens-là se seraient épargné de soucis!

Et, ce que je dis des Grecs et des Romains, je le dis, à plus forte raison, des chrétiens; car il sera éternellement à regretter qu'ils n'aient pas laissé le christianisme faire seul son expérimentation. Que leur en eût-il coûté de le regarder faire au fond des basiliques, impartialement, sans se mêler d'y croire, encore moins d'être martyrs. De deux choses l'une, ou l'expérience réussissait, ou elle échouait. Dans le premier cas, ils avaient d'emblée un culte tout fait, un dogme, une foi, les basiliques transformées en cathédrales par une opération purement automatique; en un mot, le système du moyen âge, papauté, empire, temporel et spirituel, clergé, noblesse, tiers-état, le tout achevé sans débourser un denier ni un goutte de sang. Etait-ce là un résultat? Au contraire, l'expérience ne réussissait-elle pas, l'automate payait les frais, et tout le monde était quitte.

Sans compter qu'il doit y avoir un avantage immense à prendre un dieu à l'essai; car il doit naturellement être infiniment plus accommodant, plus complaisant, que si, débutant par la foi, vous lui donnez à penser que vous n'en changerez jamais. Cette dernière considération est la plus grave de toutes en faveur de la théorie des institutions sociales prises à l'essai.

De cette théorie, il s'ensuit nécessairement que, pour avoir une bonne République, il faut en exclure avec soin tous les républicains; et, si la nôtre a une marche si triomphante, cela vient uniquement de ce que l'on s'est conformé avec soin à cette règle, repoussant, destituant de tout droit, extirpant de tout emploi et charge publique, emprisonnant au besoin tous ceux qui portent dans leur cœur cette forme de gouvernement.

2

Vous sentez d'avance la raison profonde qui oblige d'extirper, avant tous autres, les républicains dans une République. Si, par malheur, on eût laissé ces gens-là entrer dans les conseils du gouvernement de leur choix, si les démocrates eussent été pour quelque chose dans une démocratie, ils eussent montré une partialité révoltante en faveur du système qui est leur religion. Ils l'eussent servi avec amour, conseillé avec sincérité, pratiqué avec foi, peut-être avec dévouement, et, dès lors, que devenait l'expérience, je vous le demande ? Elle était faussée, il n'y avait plus d'impartialité. La machine n'était plus abandonnée à elle seule, à ses lumières propres. Impossible de juger son savoir-faire.

Règle générale : pour bien expérimenter une machine, gardez-vous de la mettre entre les mains de celui qui la connaît pour l'avoir faite. Confiez-la seulement à qui elle fait concurrence, et dont l'intérêt est de la briser. Voilà la maxime.

En vertu du même principe, je dis que, dans une République, il n'est pas de cri plus malsonnant, ni qui doive être plus durement réprimé que celui de : Vive la République ! car il suppose un parti pris, un jugement téméraire rendu par avance.

Que diriez-vous d'un juré qui, au milieu d'un procès criminel, crierait soudainement : Vive l'accusé ! On le chasserait, si on ne l'emprisonnait. Or, la République est l'éternelle accusée. Etre proclamée dans un pays, pour elle, cela veut dire, être sur la sellette, menottes aux mains. Tant que dure le procès, c'est-à-dire tant que dure l'état républicain, il est vraiment odieux d'acclamer le prévenu. Attendez qu'il soit acquitté par la monarchie.

D'objections en objections j'arrive à l'arche sainte, qui les renferme toutes ; la voici : Votre

République étant un gouvernement de liberté, si elle veut répondre à son nom, doit consentir à se laisser attaquer, au besoin conspuer par ses plus grands adversaires ; ce qui revient à dire que je consens à être républicain, à condition d'être royaliste.

La bonne République, en effet, est celle qui nous donne le droit imprescriptible de nous proclamer officiellement monarchistes, absolutistes, impérialistes, tout, hors républicains ; celle que peuvent attaquer, cerner tous les systèmes, sans qu'elle use jamais de représailles ; celle qui laisse chaque jour tirer au sort un lambeau de sa tunique; celle qui, lorsqu'on la frappe sur une joue, tend aussitôt l'autre joue ; celle qui autorise tous les prétendants à promener leur drapeau, tous les rejetons de dynasties à refleurir, tous les tronçons de serpents à se renouer pour l'étouffer. Voilà, disent-ils, l'essence de ce gouvernement, fort estimé parmi nous, admiré même, à condition, cependant, qu'il soit impossible.

Nous l'appelons libre, voulant dire, par là, qu'il doit nous laisser liberté plénière de le ruiner et extirper, sans qu'il songe à nous nuire en rien.

Autrement, vous l'avouerez, ce serait un despotisme montagnard. Monarchie, empire, absolutisme, ont le droit d'empêcher qu'on les tue; mais une démocratie qui aurait la singulière prétention de vivre et d'être quelque chose, qui croirait à son existence, et la ferait respecter, qui se fâcherait qu'on l'assassinât à bout portant, une République, enfin, qui mettrait obstacle à la royauté, conçoit-on rien de plus abominable? La pensée seule en fait horreur.

Sur cela, nous autres démocrates, bonnes gens qui, volontiers, nous faisons de la duperie une vertu cardinale, quand cette objection nous rencontre, nous nous frappons ordinairement le front et répétons à l'envi : « Leur raisonnement est serré, il le faut avouer. Puisque nous avons dit : République, nous devons évidemment admettre chez les autres la liberté de dire : Monarchie. Ne nous mettons pas surtout en contradiction avec nous-mêmes. Première règle. Notre principe de gouvernement est le plus beau de tous. Pourquoi ? Parce qu'il reconnaît tous les droits, conséquemment celui de nous détruire. L'utilité nous commanderait de nier la conséquence ; le devoir nous oblige de la reconnaître : ne transigeons pas avec le devoir. Allons, Thémistocle, prends ton bâton, ou ton sceptre, ou ton knout ! Frappe! D'un seul coup assomme la République, si tu le peux. Du moins, nous aurons sauvé le principe. » Ainsi parlons-nous trop souvent.

La question est précisément de savoir s'il est un principe au monde qui nous oblige au suicide. Pour moi, persuadé que si, dans une royauté, un homme peut dire officiellement, au nom du roi ·

« Je suis républicain, » cette royauté n'est qu'une ombre, je le crois également d'une République où le contraire est possible au nom du peuple.

S'il est de l'essence de ce dernier gouvernement que la monarchie puisse se poser en face de lui comme un élément régulier, constitutif de l'État, pourquoi se fait-il que jamais pareille chose ne s'est encore rencontrée parmi tant de peuples qui ont sérieusement pratiqué le régime des Républiques?

Montrez-moi un seul de ces États où ait été, non pas réalisé, mais réclamé ce droit prétendu de les nier, de les ruiner en face.

Rome a tué les fils de Brutus. Je ne vois pas qu'elle se soit fait un devoir de conscience de donner à la royauté une place dans le sénat.

Est-ce Venise qui faisait la part si belle à ses ennemis? Elle ne leur ouvrit guère la porte que pour les faire passer par le pont des Soupirs.

Dans les Républiques catholiques du moyen

âge, la moindre différence d'opinion se payait de l'exil.

Où vit-on que le roi de Perse ait eu son parti officiellement constitué, légalement exprimé dans l'aréopage, la maison d'Autriche dans les cantons suisses, le roi d'Espagne dans les États émancipés de l'Amérique du Sud, le roi de Savoie à Genève, le roi d'Angleterre dans le congrès des États-Unis?

Encore si nous laissions au moins, chez nous, pour être conséquents, liberté entière au Russe, à l'Anglais! si le roi de Prusse, si l'empereur de Moscou, pouvaient venir librement montrer leur drapeau à travers le territoire! Nous saurions où nous en sommes; car n'est-ce pas pure tyrannie de républicain d'empêcher qu'ils s'y fassent escorter de bonnes armées, à condition toutefois qu'elles resteraient pacifiques? En comparant ces gens-là avec les nôtres, nous pourrions nous éclairer. Après avoir expérimenté la patrie française, nous pourrions en expérimenter une autre, et nous décider ainsi, après mûre discussion, sur la révision de la nationalité. N'est-ce pas violer méchamment notre droit de nous obliger, Français, de subir la France, sans discussion, sans égard pour la tradition et les amis de l'étranger?

Je nous prends en exemple, nous, enfants de la Bresse. Nourris dans l'état de siége, élevés, instruits par lui au régime russe, ayant là nos habitudes, nos traditions de famille, nos souvenirs, comprend-on que nous ne puissions, à notre gré, être Cosaques de droit, l'étant déjà de fait? Quand nous a-t-on consultés? Où est le procès-verbal de la discussion? Qu'on nous le montre. Nous fûmes Savoyards, nous voilà Français; il nous le faut rester, sans qu'il nous soit permis d'arborer dans nos pacages, au bord de nos étangs, le moindre lambeau de drapeau moscovite. Cela se conçoit-il?

LES SIX SURPRISES.

Un principe de gouvernement qui laisse le sol ouvert au premier occupant, qui admet qu'on lui nie, officiellement en face, sa raison d'être, sa légitimité, qui se laisse souffleter par tous les régimes qu'il a dépossédés, est un gouvernement qui ne tient la place d'aucun droit. C'est une tente d'un jour qu'on plante un matin pour abriter du soleil ses adversaires de toutes les nuances, en attendant qu'ils soient d'accord.

Moins que cela, disent-ils, ce n'est pas même un fait : c'est une surprise !

5

Ah! vraiment, c'est une surprise! Eh bien! comptons. Voyons si en effet nul avertissement ne vous avait été donné d'en haut, s'il n'était jamais arrivé à une monarchie de crouler sous vos yeux, si aucun fait, aucun événement, ne vous avait annoncé que ce système est rejeté par Dieu autant que par les hommes.

Examinons. Si je me trompe, relevez-moi. Il me semble que quelque chose est arrivé en 92. Une secousse, une alerte, je crois. Une vieille monarchie, jusque-là immuable, n'a-t-elle pas été expulsée, déracinée au 10 août par les ancêtres du peuple de Février? *Première surprise.*

Celle-là était permise du moins, quoique personne alors n'ait prononcé le mot. Revenu de ce premier étonnement, vous vous dites, la tête toutefois un peu ébranlée :

« Assurément ce n'est qu'une surprise, un rêve, peut-être le caprice d'un peuple enfant. Allons! cette révolution n'est qu'une bulle de savon, soufflons dessus et recommençons le passé. »

Sur cela, vous vous mettez à créer tout de nouveau une monarchie que vous appelez empire; pour mieux la consolider, vous l'étançonnez des débris de la Table-Ronde. Vous la flanquez des barons de Charlemagne et d'Arthus. Vous la faites sacrer à Notre-Dame par l'archevêque Turpin, en escamotant toutefois la confession, chose jusque-là indispensable, et qui, négligée, devait porter malheur. Le peuple s'agenouille. Cette fois vous dites : D'où peut venir le danger ? Certes, ce ne sont pas les rois qui détruiront ce roi; le peuple ne détruira pas le trône qu'il a fait. Dormons donc tranquilles; rien de plus solide que notre monarchie napoléonienne, fondée sur beaucoup de gloire, escortée de la police de Fouché.

Mais voyez l'inconséquence ! sitôt que les peuples veulent la royauté, les rois n'en veulent plus; ils se coalisent d'un bout de la terre à l'autre pour renverser le seul roi possible chez nous. Grâces à eux, le voilà à l'île d'Elbe. *Seconde surprise.*

La vieille monarchie reparaît un moment derrière les baïonnettes des alliés. C'était en 1814. Ce ne fut qu'une fantasmagorie. La nouvelle monarchie sort de son île, et renverse l'ancienne. *Troisième surprise.*

Ce coup de scène tenait du merveilleux. La monarchie impériale avait ressuscité; preuve évidente que la mort ne peut rien contre elle. C'était lui garantir au moins l'éternité; cette éternité dura juste cent jours. Un coup de vent porte César à Sainte-Hélène. *Quatrième surprise.* Beaucoup de nous en pleurèrent.

César n'était pas débarqué à Longwood, que Clovis reparaissait aux Tuileries. Le *Te Deum* en monta jusqu'aux nues; chacun se rassit par degrés; nous vîmes alors s'ouvrir devant

nous un avenir indéfini de règnes légitimes. Les
tombes de Saint-Denis allaient manquer pour
tant de rois issus les uns des autres qui devaient
se succéder de siècles en siècles. Ce fut là, si
vous vous le rappelez, la seule inquiétude ; mais
elle était réelle.

Quinze ans, c'est bien long, quand la perpétuité
est le principe. Enfin ces quinze siècles passèrent.
Les générations succédèrent aux générations, les
sociétés aux sociétés, les déluges aux déluges,
les préfets aux préfets, les laquais aux laquais !
Dans cet immense intervalle, les hommes perdi-
rent la mémoire de beaucoup de choses du passé ; les langues s'altérèrent; personne ne pouvait plus se souvenir de ses serments, ni même
les comprendre. Après ces longues époques, en-
sevelies les unes sur les autres, trois jours de
1830, on ne sait ni comment, ni pourquoi, effa-
cent quinze siècles de loi d'amour. Le monde se
dégoûte subitement de sa félicité ; il interrompt

avant qu'elle ait commencé la succession de ses
rois ; il envoie Clovis X à Holy-Rood. *Cinquième
surprise.*

Ce coup fut rude, il le faut avouer. Tant de
précautions prises d'avance, une si bonne sou-
che, choisie dans la plus vieille maison d'Eu-
rope, de si bons alliés, un drapeau blanc si pur
de tout alliage avec les révolutions, un clergé
dévoué, les jésuites restaurés, Ney, Labédoyère
et leurs amis fusillés, et tout cela inutile ! Un si
sage édifice renversé en trois jours ! Il y avait de
quoi douter de la divine Providence ; car seule
elle avait pu frapper un si grand coup. Plusieurs
en restèrent étourdis, qui se firent incrédules ;
ceux-là bâclèrent au plus vite la monarchie vol-
tairienne de Juillet.

Le lendemain tout était réparé ; les fortes
têtes s'étaient chargées, au lieu de l'archevêque Turpin, de patronner la royauté nouvelle ; ce fut le règne des habiles. Ils avaient

tout prévu. Pas la plus petite brèche n'était lais-
sée à la Providence pour entamer cette œuvre.
On bâtissait en pur granit. Fi des conseillers de
Louis XVIII et de Charles X, bonnes gens des
légendes, sincères peut-être, au demeurant, de
peu d'esprit!

Nous allons enfin montrer à la France ce qu'est
une monarchie enseignée, endoctrinée par nous,
et les génies de nos amis. Et là-dessus les voilà
à l'œuvre, les profonds, les savants tacticiens;
qui, mêlant tous les contraires, réparent, du haut
de leur grandeur, les erreurs de la Providence.
Ils obtinrent que leur éternité durât dix-huit ans:
trois ans de plus que l'éternité légitime. C'est
beaucoup. Mais, enfin, qu'arriva-t-il de cette
royauté régicide, de cette légitimité illégitime,
de cette révolution contre-révolutionnaire? Une
matinée de février renvoie le monarque en *om-
nibus* et les théoriciens dans leurs caves. *Sixième
surprise.*

Ce jeu avec la Providence est-il assez visible?
Quand finira-t-il? Où cessera la surprise? où
commencera l'habitude? Il y a trois ans à peine
que votre dernière carte est jouée, et vous parlez déjà de recommencer!

De ce qui précède, il résulte que, lorsque les
rois relèvent la royauté, les peuples la détruisent; quand les peuples la relèvent, ce sont
les rois qui la renversent; tant il est vrai que le
régime est condamné chez nous, puisqu'il est
rendu impossible par les amis aussi bien que par
les ennemis.

Qui en France a vu un monarque? Si cet
homme existe, qu'il mette fin à nos débats; qu'il
dise : « Je l'ai vu ce prodige que vous cherchez;
ce n'est pas une chimère : j'ai vu en France un
homme laisser paisiblement le trône à son héritier légitime. » Mais qu'il nous apprenne le nom
de ce monarque qui, rassasié de jours, tranquille
au milieu de son peuple, a posé, en mourant, sa

couronne sur le front de son successeur. Comment s'appelle-t-il? Est-ce Louis XVI sur l'échafaud? Est-ce Louis XVII dans l'échoppe du cordonnier? Est-ce Napoléon à Longwood? Est-ce Charles X à Prague? Est-ce Louis-Philippe à Claremont?

Vous nous dites que notre République est une utopie impossible, contraire aux mœurs de la nation. Mais, au nom du ciel, quelle utopie plus impossible, quelle chimère plus incroyable, qu'une royauté qui, en un demi-siècle, ne peut montrer un roi?

Qu'est-ce qu'une loi de succession politique qui ne peut montrer un héritage effectivement recueilli? Je cherche pour votre monarchie un monarque. Je ne vois depuis un demi-siècle en France que des hommes, errants, infatués d'un souvenir, qui paraissent, surnagent un moment, essayent en passant la couronne du garde-meuble, et sont à l'instant précipités, sans

3.

fils, sans héritier, dans l'exil et dans la mort.

Ah ! vous parlez de gouvernement pris à l'essai ! Doctrine absurde autant que ridicule, qui est l'anéantissement même de l'esprit monarchique ; mais, sur ce terrain, quelle expérience plus terrible que celle qui a été faite six fois en un demi-siècle, et toujours contre vous ? Dans ce jeu contre la Providence, vous faites comme le joueur, qui, ayant tout perdu, argent, biens, joyaux, épée et baudrier, réduit à la nudité, s'acharne sur une dernière carte, et dit : Je veux jouer mon âme. Et, en effet, vous la jouez, votre âme, en mettant dans ce dernier enjeu des doctrines qui sont le renversement de tout ce que vous désirez et voulez, des théories d'emprunt, usées avant de paraître, qui cent fois ont été repoussées avec horreur par tous vos publicistes. Car si nous, que vous accusez de vouloir tout renverser, nous faisions appel à des idées aussi folles que celle du gouvernement à l'essai, on pourrait du moins le comprendre, en admettant le but que vous nous supposez. Mais que vous, qui prétendez défendre l'ordre civil, vous proposiez d'abord de l'asseoir sur le vide, cela prouve une chose : c'est que, poussés par la fatalité d'une cause irrévocablement perdue, vous ne faites plus de choix entre les principes dont vous vous servez pour le combat; c'est que, dans une sorte de désespoir, qui vous aveugle à votre insu, vous vous précipitez sur tout argument brisé, laissé sur le champ de bataille; c'est que vous vous servez d'armes qui éclatent contre vous.

Quoi! se peut-il? Vous invoquez l'expérience! Eh! qui donc vous a condamnés? qui donc vous a ruinés? Il ne vous suffit pas d'avoir été détruits tant de fois en moins d'un demi-siècle?

Dans chaque discours officiel, vous demandez par quel mystère ce pays, vous possédant, n'est pas au comble de ses vœux? pourquoi la fièvre

le trouble encore, pourquoi il se tourne et se re-
tourne, sans pouvoir s'endormir au sein des féli-
cités que vous lui avez faites. Ces mystères ne
sont pas difficiles à découvrir par ce qui précède.
Eh ! qui donc le réveille sitôt qu'il s'apaise ? Toujours remettre en question ce qui a été résolu !
Toujours restaurer l'impossible ! Relever ce que
la force des choses a brisé ! Nier le soleil à midi !
A chaque réponse des événements se boucher
les oreilles et recommencer l'expérience de la
foudre !

Est-ce calmer les hommes, que de dire à la
Providence, qui a parlé si souvent par la bouche
des révolutions : « Ce n'est pas assez ! Quand tu
as parlé, nous étions précisément occupés à la
Bourse, à la chasse, aux courses de Chantilly, ou
peut-être au sermon de l'abbé de Ravignan ;
nous n'avons pas entendu ton tonnerre ; je te le
jure, nous ne savons absolument rien de ce qui
s'est passé. On prétend que tu as brisé, de nos

jours, six ou sept fois les trônes qui ont essayé de paraître dans notre pays. Mais ce n'est peut-être là qu'un faux bruit; dans tous les cas, nous sommes tellement occupés aux menus détails des confréries, qu'il ne nous est resté, en vérité, pas un moment pour nous informer de ce que tu fais sur la scène du monde. »

« Ils vont, répétant partout que tu as renversé Louis XVI sur Napoléon, Napoléon sur Louis XVIII, Louis XVIII et Charles X sur Louis-Philippe, Louis-Philippe dans le vide et le néant. Cela est-il vrai? Ces événements, nous le répétons, ont fait si peu de bruit dans le monde, ils ont si mal ébranlé la terre, qu'ils ne sont pas arrivés à notre connaissance. Ils sont donc comme non avenus, et c'est pure justice de les recommencer. Nous allons, si tu le permets, renouveler l'épreuve; nous élèverons de nouveau, avec les débris de planches que voici, un petit trône à notre fantaisie; et nous serons le plus attentifs que nous pourrons à ce qui suivra. »

« Il est possible que, redoublant de fureur contre un si étrange entêtement, tu finisses par entrouvrir les entrailles du globe et ne laisses rien subsister de ce que tu as épargné. Mais, enfin, tout le monde sera content ; nous aurons assisté à une jolie expérience. Si elle tourne contre nous, nos valises sont prêtes, notre refuge est assuré. Le surlendemain, le ciel apaisé, les démocrates consentants et souriants, nous demanderons que l'épreuve soit refaite au nom de la liberté et de la religion ; et les siècles de siècles tourneront ainsi dans l'éternité, comme les chevaux aveugles autour de la meule d'un moulin. »

Le moyen qu'une nation ne dorme pas parfaitement en repos sur une si juste et si raisonnable proposition !

RÉPUBLIQUE OU MONARCHIE.

« UNE ASSEMBLÉE DE RÉVISION PEUT-ELLE DÉ-
CIDER ENTRE LA RÉPUBLIQUE OU LA MONAR-
CHIE ? »

Voici ce qu'ils appellent poser franchement la
question. Un peuple, se trouvant égaré entre la
Seine, la Loire et le Rhône, las d'incertitudes,
arrive à un carrefour où plusieurs directions op-
posées se présentent. Que faire? où s'engager?
En avant? en arrière? Il ne sait absolument ce

qu'il veut, d'où il vient, ce qu'il est, ni où il est.
S'il consulte son nom, il pourrait se croire en
République; mais il est aussi possible qu'il soit
en monarchie. Comment sortir de ces apparen-
ces? Pour s'informer de ce qu'il est, il convoque
une assemblée de révision, laquelle, après délibéré, lui fait savoir que, tout bien pesé, les
divers partis entendus, elle a choisi pour lui, par
assis et levé, les institutions japonaises. On aurait peut être pu se décider pour la *formule* des
rois mages, qui présente beaucoup d'avantages;
mais, l'heure pressant, et quelques membres s'é-
tant absentés pour souper, les institutions du
Japon ont passé à la majorité de deux voix. Le
peuple, ravi de ce résultat, sort de l'anarchie; il
prend aussitôt le teint jaune cuivré, et se met à
chanter japonais. Un gouvernement sérieux se
trouve ainsi fondé; la société se rassied sur sa
vraie base.

C'est ici que l'on voit à quel point ceux qui

s'appellent conservateurs, troublés par la volonté de lutter contre la force des choses, sont envahis de l'esprit de destruction : au moment où ils parlent de restaurer l'ordre social, ils détruisent, bouleversent à plaisir toutes les notions qui l'ont fondé.

Il est des choses qu'une assemblée peut faire; il en est d'autres qui lui sont impossibles. Je dénie absolument à une assemblée quelconque, fût-elle de révision, le droit et le pouvoir de faire, de créer de rien un nouvel ordre politique ou social. Je lui dénie absolument la capacité de choisir entre une République ou une monarchie. De tels changements, de telles innovations dans les affaires humaines, si elles sont autre chose qu'un jeu, ont une autre base qu'une discussion de tribune. Elles éclatent dans le monde avec la puissance de la nécessité; elles s'enracinent avec l'autorité d'un événement.

Pour passer d'un ordre de choses à un autre,

sachez qu'il faut un autre levier qu'une boule de plus ou de moins dans l'urne ! Quelle risible manière de concevoir les sociétés humaines ! S'imaginer que le berceau de ces grands corps flotte à leurs origines sur le sable mouvant d'une discussion qui les promène et les bat en tous sens ! Où vit-on jamais une forme nouvelle de gouvernement surgir ainsi d'un scrutin ? Ah ! que le germe de ce qu'on appelle les constitutions du peuple est enfoui bien autrement profond dans la nature des choses ! Ces constitutions sont gravées dans les événements longtemps avant d'être proclamées par les scrutins.

Pour tirer une République des entrailles d'une monarchie, il faut non pas un vote, mais une révolution ; de même, pour ramener une République à une monarchie, il faut une journée : appelez-la comme vous voudrez, 18 brumaire, ou entrée des alliés.

Est-ce la Convention qui a fait la République ?

C'est le 10 août, en rejetant la royauté et la ren
dant impossible ; de même, de nos jours, la République était faite quand est venue la Constituante.

Ce qui a créé la forme du gouvernement de
1848, c'est un événement. C'est la puissance
mystérieuse qui a éclaté au 24 Février. La République est née, comme toutes les formes politiques, d'une explosion, d'un coup de tonnerre,
d'un acte de la nécessité souveraine devant laquelle les hommes se sont abaissés au moins un
moment.

L'Assemblée constituante, comme l'eût fait à
sa place toute autre réunion d'hommes, a compris ainsi ses limites ; elle a reconnu que l'origine, la source des grands changements qui s'o-
pèrent dans le principe de la constitution et dans
le tempérament d'un peuple, ne sont pas affaire
d'amendement ni de ballottage. Qu'a-t-elle fait ?
Tout ce qu'elle pouvait faire. Elle n'a pas choisi,

elle n'a pas délibéré, elle n'a pas envoyé ses
huissiers compter, supputer les voix, sauf à re-
dresser le calcul le lendemain et remplacer au
Moniteur, dans un erratum, République par
monarchie. Non! ce fut là son seul instant de
grandeur : elle a acclamé ce qui était dans les
choses.

Certes, il eût fait beau voir un de nos collè-
gues se lever et dire, approchant comme dans
Cinna : « Mes chers amis, nous allons peser et
« ballotter l'état démocratique et l'état monar-
« chique. Chacun fera son choix; le mien est
« pour Chilpéric. Voici mon suffrage. » On se fût
contenté d'en rire. Mais rien de tel ne fut dit, et
nul ne le pensa. Les royalistes, s'il y en avait,
savaient que les vrais rois, comme tous les pouvoirs durables, se font par acclamation sur le
pavois. Ils ne se glissent pas, roulés et anony-
mes, dans l'urne d'un huissier.

Est-il croyable que ce soit nous, républicains,

qui soyons obligés de leur rappeler ce qu'ils nous ont enseigné depuis mille ans sur l'origine et la fondation des pouvoirs publics?

Vous demandez la révision, parce que, dites-vous, c'est la rétractation du 24 Février; ici, vous approchez du vrai.

Oui, pour détruire la République, il vous faut détruire sa base, qui est, non pas une boule, un hasard de suffrage, mais une journée de la Providence. Voulez-vous effacer la République? Effacez-en la cause, je veux dire ce jour maudit qui n'aurait pas dû naître, où le soleil s'est voilé, où la Providence a sommeillé, où la terre a échappé par hasard aux volontés d'en haut. Vous avez eu un instinct heureux, lorsque, vous acharnant contre cette date, vous l'avez couverte de malédictions et d'injures. Malheureusement, les injures passent, la date demeure; c'est elle qu'il faudrait retrancher du cercle de l'année; car, tant que ce jour subsiste, il entraîne avec lui son lendemain ; tant que le fait demeure, il a ses conséquences; tant que l'arbre est debout, il porte son fruit, et ce fruit est la République.

Vous voulez couper l'arbre par le pied? d'accord; mais comment vous y prenez-vous?

Certains que l'injure, la calomnie, n'ont pas réussi, vous arrivez à trouver un autre remède. Vous pensez qu'une chambre de révision, dûment avertie et chapitrée, pourra faire ce qui vous est impossible : faire rentrer la terre dans sa vieille orbite.

Et moi je vous répète : Une assemblée peut changer ce qu'a fait une assemblée; mais, quelque nom que vous lui donniez, constituante, législative, révisionnaire, elle est incapable d'anéantir un fait, d'effacer une journée. Que lui servira de se mettre en colère contre les choses? « Cela leur est fort égal, disait déjà Marc-Aurèle. »

Une chambre constituante, si introuvable
qu'elle soit, n'est rien, si elle n'est précédée d'un
événement dont elle exprime les conséquences.
La Chambre de 1815, révisionnaire s'il en fut,
dans *la totalité*, puisqu'elle nous a fait passer
en un clin d'œil de l'empire à la royauté, était
une fort belle chose. Mais elle avait été précédée
d'une chose qui ne l'était pas moins : de l'invasion de douze cent mille alliés; cette assemblée
n'eut d'autre peine que de résumer, dans ses
lois, ce moment de félicité. La Chambre des dé-
putés de 1830, voilà aussi une assemblée vraiment révisionnaire dans *la totalité*, puisque, du
lundi au mardi, elle nous a donné la formule or-
léaniste au lieu de la formule légitimiste. N'ou-
bliez pas, cependant, que ce changement n'a
pas été seulement de sa part un caprice subit;
les choses y avaient eu quelque part; la veille,
un petit événement s'était passé, il est vrai, fort
peu connu : la Révolution de juillet.

4

Ici nous revenons au point de départ. Comment effacer le principe du mal? Comment anéantir le 24 Février? Ce qu'a fait une révolution ne se défait pas par un amendement. Voulez-vous donc que le 24 Février disparaisse et que nous cessions de dater de cette heure, montrez-nous, non des discours, mais un acte. Choisissez à loisir dans tout le calendrier votre jour et votre heure. Qu'à un moment donné toute cette terre de France, faisant amende honorable, se pavoise du drapeau blanc; que la moindre chaumière ait son oriflamme! qu'une grande voix partie des entrailles du sol s'écrie, par la bouche de trente-quatre millions de flagellants : « Mes « frères! j'ai péché! je demande merci à Su- « warow! miséricorde à Blücher! pardon à Wel- « lington, et à tous nos bons alliés, d'avoir « chassé par trois fois ceux qu'ils m'avaient im- « posés. Cela est mal, très-mal, d'avoir si indigne- « ment méconnu le bien qu'ils me voulaient

« faire. Enfin ! j'ai péché, je le confesse ; voici
« mes mains, liez-les moi. »

Et il ne suffirait pas que ce sage discours fût
tenu au fond du cœur par le peuple de France ; il
faudrait, cette fois, des preuves efficaces, visi-
bles à tous les yeux, d'un repentir sincère ; tels
que, au dehors, de bons gages donnés à la sainte
invasion : la Lorraine et l'Alsace, bien entendu,
remises d'abord, sans conteste, à leurs vrais
propriétaires ; au dedans, le lis honoré à chaque
boutonnière, l'aigle et le coq proscrits ensemble
dans le moindre village ; nombre de bourgeois
qui, ôtant les palissades de leurs biens natio-
naux, iraient sur les grandes routes en quête du
maître légitime pour lui rendre sa terre ; force
ouvriers qui, d'emblée, referaient les jurandes ;
force paysans qui rétabliraient gabelle, corvées
et mainmortes ; tous les faubourgs de Paris qui,
dès la première heure, rebâtiraient la Bastille ;
et cela, de bon gré, d'inspiration, sans attendre

les nouvelles. Quand cette journée aura lui, nous reconnaîtrons à ce signe que le passé est redevenu le présent.

Rien de plus simple alors que la conduite à suivre. Dès le lendemain de ce grand jour, vous convoquez votre assemblée de révision ; elle arrive, elle constate, ou plutôt elle acclame les faits que je viens de rapporter. Les verdets de 1815 ressuscitent, le poing fermé, et couvrent la place de la Concorde. La Providence se prononce ; dix-sept acclamations répondent Monarchie aux dix-sept acclamations républicaines de notre Constituante. Les faits parlent à la place des orateurs ; personne ne discute, tout le monde consent ; une formule fait place à une formule, la question de gouvernement est résolue et nous voilà au port, dans le définitif.

Cela revient à dire que demander la révision légale pour avoir la monarchie blanche ou bleue, c'est s'amuser d'une absurdité, ou provoquer,

avant toute discussion préalable, une révolution
de faits.

Pour arriver à votre dénoûment, retenez bien
ceci : Que vous avez eu d'abord votre journée, où Dieu sait quel ruisseau de sang aura
coulé. C'est là le point convenu entre nous, et
le premier anneau de notre raisonnement. Sinon,
non. Pour que vos arguments cessent d'être ri-
sibles, il faut qu'ils soient tachés du sang d'une
révolution nouvelle ; jusque-là je serais dupe
de prendre au sérieux des semblants d'idées cent
fois mises en poussière par ceux qui s'en ser-
vent aujourd'hui. Le seul moyen, sur ce terrain,
de n'être pas burlesque, c'est d'être criminel.

Car, de s'imaginer qu'*en pleine légalité*, sans
qu'une porte ait été ouverte ou fermée, ni une
vitre cassée, sans qu'un seul commissaire ait
verbalisé, il surgisse une assemblée pour nous
dire : « Vous êtes bleus, ou rouges, je vous

4.

« fais blancs, ou noirs; vous êtes République, je
« vous fais monarchie; » c'est assurément la
plus froide, la moins divertissante, la plus sotte
extravagance qui puisse entrer dans la tête des
hommes.

Peu de gens, il est vrai, nous proposeront rien
de semblable. Puisque nous sommes républicains, nous voilà obligés d'être impartiaux entre
la République et la royauté; à d'autres il appartient de faire pencher le plateau. Pour
cela, nous convoquerons, à notre place, une autre assemblée, laquelle aura plein pouvoir de
faire d'un rond un carré; et, déjà, notre conscience nous empêche de limiter son autorité
sur ce point. Que serait-ce, bon Dieu, si nous la
gênions en rien, d'avance, dans le choix de l'impossible?

Quoi! cette chambre ne sera enfermée dans
aucune muraille! elle ne sera réglée par aucun

événement! Dieu lui-même est soumis à des lois;
pour elle, c'est la loi des choses qui lui sera sou-
mise. Elle pourra se placer comme elle voudra,
en dedans ou *en dehors* des faits, c'est-à-dire en
dedans ou en dehors du sens commun !

Oh ! l'heureuse assemblée! Qui ne voudrait en
être membre ? Elle aura le don des miracles, et
ne pliera sous aucune des verges de la nécessité ! Les contes de fée n'auront rien vu de semblable. D'abord, elle fera de nous ce qu'elle voudra ! Plaise à Dieu qu'il lui convienne décréter
d'abord que nous serons tous gens d'esprit et
d'honneur. Le reste suit sans peine. Certes, il lui
coûtera peu d'ajouter, je pense, la raison, la
modération, pour chacun de nous. Adopté. Dans
cette voie, elle serait mal conseillée de ne pas révi-
ser du même coup notre constitution physique.
Je suppose qu'elle nous donnera à tous six pieds
de haut, pour le moins. Quand nous votâmes ce
point, nous étions au complet. Je suis encore

d'avis qu'elle nous fasse tous beaux de visage
comme Alcibiade, en interdisant, toutefois, de
grasseyer et loucher comme lui. Bien! Voilà le
laid proscrit, sans difficulté, par assis et levé.
Vraiment, elle manquerait à son mandat, et tra-
hirait sa mission, si, après avoir révisé la cou-
leur de nos yeux, elle ne décrétait aussi,
pour nous, une verte jeunesse, et, au besoin,
l'immortalité terrestre.

Allons! voilà qui est fait. Sages, beaux, presque immortels, je vois que nous sommes déjà à
peu près demi-dieux, grâce à cette bonne assemblée. Que faut-il davantage? Du reste, je m'en
rapporte à elle.

Il ne suffit pas d'être glorieux. Tout est bon
d'une nation, hormis d'être ridicule. Quand on
s'appelle soi-même le premier peuple du monde,
il y a déjà quelque déplaisir à se réveiller dernier laquais de monseigneur Antonelli. Du moins

la place est bonne, bien nourrie d'indulgences, bien payée de reliques, copieusement abreuvée d'avanies. Pour l'amour de Dieu, sachons y demeurer. Ne descendons pas au-dessous, s'il vous plaît.

CONDITIONS DE LA MONARCHIE.

Supposons que l'absurdité soit la raison même et qu'une assemblée de révision puisse choisir à son gré, indépendamment des faits, entre toutes sortes de systèmes contraires. Voyons, dans ce cas, les conditions de ces systèmes.

Si je voulais la monarchie, j'en voudrais certainement les conditions, car je croirais cette institution nécessaire ; et sans me soucier beaucoup des obstacles, ni des inconvénients, je me préoccuperais, avant tout, de la rétablir et de la rendre durable.

5

La première chose que je ferais pour cela, serait d'examiner, entre les deux formes de royauté
qui se présentent à moi, laquelle je pourrais armer et défendre le mieux contre la révolution.
Je ne tarderais pas à voir que, de ces deux systèmes, un seul présente quelque possibilité de
défense. La royauté constitutionnelle portant en
soi la révolution, c'est-à-dire l'ennemi, je la re-
jetterais du premier coup, et mon choix serait
ainsi commandé pour la royauté légitime. Je m'y
enfermerais comme en une citadelle.

Cela posé et mis hors de doute, je me deman-
derais sincèrement : Qu'est-ce que la monarchie légitime pour la France de mon temps?
La main sur la conscience, je répondrais : La
monarchie, c'est l'invasion.

Car il me serait évident que la nation toute seule
n'a pas produit, en 1814 et 1815, le système de la
restauration et du droit divin, mais que la force
de l'étranger en a été la cause principale. Dès

lors, je m'attacherais avec piété à la religion de la
force. L'invasion se trouvant être mon point de
départ, je retremperais, autant que je le pourrais, mon système dans son berceau sacré.

Je commencerais à comprendre ce que les
événements mettent de plus en plus en lumière,
à savoir que les ennemis avaient imposé chez
nous les deux dynasties des Bourbons comme les
stigmates de la conquête ; ils s'en étaient fait un
moyen de perpétuer chez nous leur victoire. A
ce point de vue, les fautes de la Restauration m'ap-
paraîtraient; je les reconnaîtrais ingénument
sans vouloir rien farder. Il demeurerait constant
pour moi que la Restauration, tant de la branche
aînée que de la branche cadette, devant tout à
l'ennemi, devait tout lui rapporter, qu'ayant reçu
la dépouille de la France, frappée, meurtrie,
foulée, anéantie, elle devait bien se garder de
réchauffer le cadavre d'Hector. Elle avait reçu
u pays expirant, elle devait l'achever, c'est-à-

dire maintenir, augmenter l'occupation étran-
gère, non pas seulement dans quelques provin-
ces, mais dans toutes, se refuser obstinément
à la recomposition d'aucune armée nationale,
anéantir le commerce déjà exténué, appauvrir
la bourgeoisie et la saigner à blanc, au lieu de la
réveiller par le pauvre prélèvement de deux milliards, qui chatouilla la blessure sans la rendre
mortelle ; par-dessus tout, interdire absolument
la discussion. C'était une conquête, il fallait le
comprendre. A ce prix, on avait pour durer les
chances que présente toujours un système suivi.

Au lieu de cela, voyant Louis XVIII et
Charles X ouvrir eux-mêmes des tribunes à la
liberté parlementaire, conserver le droit d'écrire
et de penser, le garantir même par leurs Char-
tes, je ne me ferais aucune illusion sur les conséquences de telles fautes. Je reconnaîtrais, sans
tergiverser, que, croyant dompter l'ennemi, ils
l'ont fait entrer dans la place. Ils ont réchauffé

le serpent; quelle merveille qu'ils en aient été mordus?

La Chambre introuvable de 1815 eut un moment l'inspiration sérieuse de ce qu'exigeait une restauration monarchique. Elle fit paraître quelque étincelle du génie de réaction qu'avait montré Philippe II pour ressaisir les Flandres; elle sut verser à propos le plus pur sang de nos veines. En un mot, par sa terreur blanche, elle témoigna qu'elle avait le sentiment vrai des conditions de la monarchie, et qu'elle voulait les remplir sincèrement. Que pouvait-on espérer davantage? Par malheur, il était dans sa nature de détruire d'une main ce qu'elle faisait de l'autre. Il aurait fallu que son édifice d'absolutisme s'élevât, comme ailleurs, dans le silence et dans l'ombre. Au contraire, ce n'étaient que discours, éclats de discussion; si bien que, pour tuer la liberté, elle établissait dans le pays, ne pouvant mieux, les habitudes d'un peuple libre. Quand ses échafauds tombèrent, la tribune resta ; dès lors tout fut perdu.

On le vit bien, lorsque des écrivains, avides de paroles, persuadèrent leur roi d'accepter simplement la discussion avec la révolution. Liberté de la presse, liberté de la tribune, liberté de suffrage, devaient être, selon M. de Chateaubriand et ses amis, les fondements d'une bonne monarchie. Bientôt, de la discussion, jailliraient les lumières royales. D'ailleurs, ils parlaient, ils écrivaient si bien, qu'ils allaient soudain convertir le globe. Qu'on mît seulement leur savoir à l'épreuve, chacun de nous se ferait leur disciple ; il n'en fut rien. Tout ce qu'on emprunta à la Révolution ne servit qu'à la Révolution. C'était bâtir, comme Scipion, des temples aux tempêtes. Deux fois elles en sortirent, en 1830 et en 1848. Ni dans l'un ni dans l'autre cas, ces cruelles ne montrèrent aucune reconnaissance pour la main qui les avait nourries.

Instruit par cette expérience, je l'aurais toujours sous les yeux ; et je saurais qu'il ne peut entrer, sans un péril de mort, aucun élément, aucune parcelle de la Révolution dans ma royauté. Plus de tribune, plus d'Assemblée, plus de presse, ni rien qui s'en approche. Ceci est élémentaire. J'aurais besoin, d'abord, de retremper mon sceptre à son principe, dans une invasion. Je pourrais l'appeler intervention amie, alliance, telle que celle que nous exerçons si bien à Rome ; le nom ne me fait rien, mais la chose m'est indispensable. Il me faut, à mon sacre, une armée de Cosaques ; c'est la première condition. Je la considère comme tellement nécessaire, tellement inhérente au système, que, si vous ne m'accordez ce point, je suis forcé d'abdiquer, vous laissant en pleine anarchie, sans ajouter un mot.

Je ne ferais pas la faute de garder une armée nationale pour en être abandonné, comme cela s'est vu deux fois. Mais, ayant les yeux

fixés sur ce que font les Autrichiens en Lombar-
die, les Russes en Pologne, qui me paraissent
avoir trouvé le seul système sérieux, efficace,
de restaurer une autorité tombée sous l'opinion
nationale, je les prendrais, autant que je pourrais, pour modèles; et je m'appliquerais comme
eux à énerver, à extirper les forces matérielles
aussi bien que morales, du pays où je voudrais
enraciner ma restauration.

Une des choses qui me donneraient le plus à
réfléchir serait d'empêcher qu'il ne se trouvât
jamais un grand nombre d'hommes forts et
capables de se soulever contre l'autorité de fait.
Pour obvier à ce danger, je ne verrais rien de
mieux que d'imiter les Autrichiens, qui transportent les Italiens en Hongrie, et les Russes,
qui transportent les Polonais en Crimée. Assurément, le czar et l'empereur ne refuseraient pas
que l'on versât et disséminât dans leurs cadres
le plus grand nombre possible de Français, à

mesure qu'ils atteindraient la virilité. Ou ces
hommes ne reverraient jamais leur pays, ou ils
le reverraient brisés par la vieillesse, quand ils
seraient devenus incapables de nuire.

L'état de siége, tel qu'il est exercé chez nous,
dans l'Ain, depuis deux ans, serait aussi pour
moi une institution à laquelle je n'aurais guère à
reprendre, si ce n'est que je l'étendrais à tout le
territoire de France. Peut-être y joindrais-je la
bastonnade et le cavaletto, quoique, à vrai dire,
la première de ces choses me répugne, d'après
l'essai qui s'en fait parmi nous en des occasions
solennelles.

J'aimerais aussi à rétablir d'un trait de plume
les serfs et les barons, le château de Barbe-Bleue,
surtout les vieilles mœurs, celles de Louis XV
et du maréchal de Richelieu; puis les courtisans,
les flatteurs, les traitants. Peu de choses, dit-on,
suffiraient pour cela.

Quant à la religion, j'ai déjà dit ailleurs qu'il

5.

me la faut telle que sous saint Louis, par con-
séquent, au préalable, révocation nouvelle de
l'édit de Nantes, expulsion de tous judaïsants, li-
bertins et protestants. J'ai besoin de percer d'un
fer rouge toute langue aiguisée qui blasphèmera ;
du reste, à son avénement, mon roi renou-
vellera le serment officiel d'exterminer les hé-
rétiques, eussent-ils voté l'expédition de Rome.
Je sais que nous marchons dans cette voie;
mais combien lentement et timidement! Que
gagnez-vous à vous convertir à demi? D'être te-
nus pour socialistes par les journaux religieux;
ils vous le répètent chaque matin, et non sans
quelque raison. Comment, en effet, vous tenir
aucun compte d'un zèle aussi tiède? C'est peu
de dénoncer, destituer; il faut croire, mes frères, précisément comme nos aïeux, c'est-à-dire
relever en un jour tout ce que nous avons renversé en trois siècles, et renverser tout ce que
nous avons élevé.

Voilà, comme dit Platon, ce que m'inspire *la Muse royale*. Si vous m'accordez ce que je réclame, ma monarchie est armée; Dieu fera le reste. Je crois fermement que mon utopie n'a de chances que si les institutions que je demande me sont concédées sans délai. Car il me les faut toutes, seulement pour essayer de vivre. Refusez-m'en une, et ce trône, si savamment rétabli, est déjà renversé; une nouvelle révolution plus terrible que toutes les autres vous menace; et croyez que je parle sérieusement. Est-ce ma faute à moi si j'ai l'air de sourire en exposant les conditions réelles de la vie pour ce qui ne peut plus être? Fallait-il prendre la massue pour frapper des fantômes qui se savent fantômes? Ce n'est pas mon avis.

Quand j'ai fait ainsi mon plan de Restauration, non pour un jour, mais pour une vie de peuple, quand je l'ai appuyé sur l'expérience et la force des choses, sur le principe de l'institution, sur

la science de M. de Bonald et de M. de Maistre,
et quand je cherche autour de moi par qui me
faire assister dans un si grand dessein, je vois
avec terreur que je suis seul ou à peu près;
et je finis par découvrir que, s'il n'y a plus de
rois en France, il y a encore moins de royalistes.

Ce qui est toujours fréquent dans les temps difficiles, je rencontre des hommes qui veulent une
chose, et qui n'en veulent pas les conditions in-
dispensables. Tel m'accorde une de mes institutions, tel m'en accorde une autre; mais d'accepter le système dans sa rigueur, qui seule fait sa
force, c'est à quoi nul ne veut consentir. Ils me
chicanent sur les plus simples, les plus néces-
saires de mes exigences. Qui défend encore, si ce
n'est moi, le droit divin? Ils veulent garder une
ombre de liberté, de nationalité, sans savoir que
cette ombre seule est la mort du système. Bientôt, vous le verrez, on me contestera, sans
doute, le silence obligé, la ruine imposée, tout

enfin, l'étranger même, peut-être. Et à la place, que mettent-ils? une chose révolutionnaire s'il en fut, une Constituante, qui doit faire sortir directement ou indirectement de je ne sais quelle combinaison de boules, où ma raison se perd, l'hérédité du pouvoir monarchique!

O libéraux endurcis, révolutionnaires envieillis, qui vous croyez royalistes, bâtirez-vous toujours sur les orages? Laisserez-vous toujours percer en vous le vieil homme sous le converti? Sachez donc que la perpétuité exclut le vote, et réciproquement le vote exclut la perpétuité. Si je vous accorde, quant à présent, une éternité d'un jour, qui peut m'empêcher de vous la reprendre demain? Comment respecterai-je l'hérédité politique? Née d'un caprice, qui m'empêchera de la défaire par un autre? Créant des monstres incapables de vivre, vous mêlez le *bon plaisir* et le *contrat social*; vous confondez M. de Bonald avec Jean-Jacques. Ah! qu'il en coûte de renoncer au péché dans lequel on est né ! Votre endurcissement dans la liberté vous lie malgré vous ; il vous empêche de vous associer à mes projets. Dès lors, je suis contraint moi-même de renoncer à mon château en Espagne, auquel je commençais à m'attacher ; et je passe, avec regret, à une autre utopie.

LE BONAPARTISME.

Cherchant son utopie, un doctrinaire vous disait : « Il vous faut un Monk ou un Washington ; « et, comme je ne vois pas encore parmi vous « le planteur américain, j'attends avec certitude « le restaurateur de la royauté anglaise. »

En cela, il se trompait.

La pente des républiques catholiques telles que la vôtre est de devenir d'abord une république princière, et, de république princière, une principauté absolue. Rassurez-vous donc pleinement ; vous ne courez aucun risque d'avoir un

Washington, mais bien plutôt quelque dictateur, d'abord à temps, puis à vie, puis à toujours, peut-être, que sais-je, quelque docteur Francia, s'il en est d'une maison connue, et qui vous inspire confiance. Voilà votre pente, à quoi il faut remédier; et cela est si vrai, que la révision, incapable de produire la monarchie, comme je viens de le démontrer, n'a, au su de tout le monde, d'autre but que d'ouvrir la porte de l'article 45 au bonapartisme.

Qu'est-ce donc que le bonapartisme? l'empire; et qu'est-ce que l'empire? Avant de répondre, je dois un remercîment sincère à la Société du Dix-Décembre; elle nous a rendu, et à moi en particulier, le sens de l'histoire. Avant que cette glorieuse Société ne se fût montrée, nous étions sous le joug des souvenirs mélancoliques de Sainte-Hélène. Vous savez si les souvenirs rapportés de l'île nous avaient touché l'âme; de fait, nous avions changé l'histoire en légende. Qui de nous, à travers les branches du saule pleureur de Sainte-Hélène, ne s'était fait son empereur à sa guise? Nos chansons, nos livres, n'étaient pleins que de lui. Vous le connaissez par le *Mémorial* : un fermier d'Amérique qui maniait la charrue et lisait l'*Héloïse*, très-sensible, on ne peut plus facile aux larmes, ennemi du fracas de la guerre et des armes, au point qu'il ne pouvait seulement souffrir que le petit Las Cases tirât, à Longwood, sur un passereau, ce qui nous est certifié par le père ; ami du silence, partisan de la république des fourmis, qu'il régentait pourtant quelquefois dans son jardin; simple, uni, content de tout, s'il faisait mat un roi d'échec ; avant tout, libéral, grand parlementaire ; que vous dirai-je, enfin, abonné du *Courrier*. Voilà notre héros, et ce qui nous restait de l'histoire; d'ailleurs, nous n'en voulions pas d'autre. Nous en pleurions encore au 10 décembre.

Quand vint la Société, elle fut naturellement

indignée de notre ignorance. Charitablement,
elle entreprit de nous en guérir. Ce fut bientôt fait; peu de leçons nous suffirent. Alors
quelques-uns d'entre nous prétendirent que,
sous l'homme sensible de Sainte-Hélène, il y
avait eu autrefois, vers 1809, un maître assez dur,
un soldat assez rude, qui avait un peu guerroyé,
disait-on, d'ailleurs médiocrement ami des journaux, de la tribune, au point qu'il avait eu un
sénat de muets. Ceux-là le dirent à d'autres, qui
le répétèrent; on fit des recherches dans les bi-
bliothèques; le fait se trouva vrai. On décou-
vrit qu'il ne blâmait qu'une chose en César. De-
vinez laquelle? — D'avoir aimé Cléopâtre? —
Non. — D'avoir coupé le pouce aux Gaulois? —
Non.— De s'être laissé mettre au front la couronne
par Antoine? — Point du tout. Vous n'y êtes pas;
faut-il vous la dire? Il ne blâmait en lui que d'a-
voir hésité à passer le Rubicon. Quoi donc!
Tarder un instant à fouler la loi jurée, se faire

un scrupule de mentir à son serment ; s'arrêter une heure devant la liberté ! Misère ! Cela lui faisait pitié, et lui paraissait impardonnable chez César. Un peu plus, il l'eût rayé du nombre des grands hommes.

Quand l'histoire fut retrouvée, beaucoup de gens en conclurent que rien n'était moins rassurant pour la légalité. Ils changèrent d'opinion sur le planteur de Sainte-Hélène, et pensèrent que, tout mort qu'il était, son ombre était encore pesante ; plusieurs allèrent même jusqu'à craindre qu'elle ne nous enchaînât d'une tyrannie posthume. Voilà, au vrai, où nous en sommes.

Cela dit, je reviens à ma question :

Qu'est-ce que l'empire ?

Voici ma réponse :

Prenez, les unes après les autres, les têtes de tous les Français qui ont paru dans le monde depuis les Carlovingiens, toutefois, jusqu'à Napoléon, je dis les têtes royales aussi bien que les

bourgeoises et les prolétaires : vous n'en trou-
verez pas une qui ait eu l'idée de faire de nous
un empire. Cette idée n'est pas de nous; on l'a
volée à l'Italie. Là-bas, au contraire, Romains ou
voisins de Rome, se croyant tous au moins cou-
sins d'un César, il n'est personne d'entre eux,
qui, en son temps, n'ait voulu avoir son empereur; c'est de quoi ils ont toujours raffolé, depuis leur poëte Dante jusqu'à Métastase, en passant par Pétrarque. Que voulez-vous? ce fut leur
manie! Ils appelaient cela être Gibelins, avoir
un empereur, non pas tel que celui de Rome,
mais sagement accommodé à notre temps, un
César féodal, escorté de ducs, comtes, barons,
abbés. Dieu merci, ils ont eu leurs Césars, sans
interruption depuis Barberousse jusqu'au présent César d'Autriche et à son tribun des sol-
dats, Radetzky, qui les en font assez repentir.
Bonne ou mauvaise, telle fut leur idée; jamais
elle ne s'était montrée chez nous. Quand vint

Napoléon, lui, Italien, issu de Florence, nous apporta naturellement l'idée gibeline, toute formée, préparée dans le sang de ses veines. Un César du moyen âge, avec Turpin pour grand prêtre, avec un sénat de marquis, rien ne lui semblait plus simple à lui, ni à nous plus étrange ! Que de peines il se donna pour y plier nos cerveaux. La nature, ingrate chez nous, résistait. Nous ne savions ce que c'est d'être Gibelins. Cent batailles et plus ne nous l'enseignèrent pas. La France ne pouvait devenir Italie ; là était le mal.

Ainsi, les *idées napoléoniennes* sont les idées gibelines. Où Napoléon n'était pas, elles disparaissaient.

Vit-on jamais pareil travail pour dompter la nature ! Jamais dans ce règne une heure de sommeil. Il fallait que l'empereur eût sans cesse la main occupée à refaire son empire. Cette main manquant un seul jour, on vit tout disparaître.

J'en conclus que l'empire ayant pour but de nous refaire en un clin d'œil, des pieds à la tête, c'est-à-dire de changer la France du dix-neuvième siècle en Italie du moyen âge, de métamorphoser notre race, il faut pour essayer pareille utopie, chez le peuple beaucoup de complaisance, chez le prince beaucoup de génie, dans les institutions beaucoup de despotisme : trois conditions qui nous embarassent peu, au moins la dernière.

Ces principes établis, nous pouvons, je crois, construire notre empire. Rien ne s'y oppose ; travaillons-y donc avec la même impartialité que nous avons mise tout à l'heure à faire, armer et défendre notre royauté.

Pour lui donner sa vraie légitimité, je suis d'avis que nous le fassions Gibelin, comme il doit être. J'en serai moi-même l'empereur, si vous le voulez bien.

Ce qui me plaît d'abord dans notre utopie,

c'est qu'elle n'a pas absolument besoin, comme la précédente, d'une invasion de l'étranger. Non. La servitude volontaire nous suffit, et c'est là un grand point. Je la suppose ; l'hypothèse ne choque en rien l'expérience.

Je commence par me faire adresser de tout le globe deux cent soixante-cinq milliards de pétitions demandant mon avénement ; quoique, à vrai dire, j'en aie déposé une moi-même de braves gens de Courmangoux, qui prétendent que leur signature leur a été extorquée par leur garde champêtre ; sur cela, on les tourmente. N'importe, passons. Me voilà hors de la Constitution. Trente-six millions de Français ont particulièrement signé leur déchéance ; du même trait de plume, légalisé, ils se sont effacés du rang des peuples libres, ou prétendants à l'être. Je marche sur cette poussière humaine. Bref, sans savoir comment, je me trouve empereur. Maintenant, que faisons-nous ?

6

Ici, je vous l'avoue franchement, parvenu si vite à cette élévation, la tête me tourne ; le vertige commence à me saisir. Conseillez-moi pour ce qui suit.

Et d'abord, il me faut absolument, avant tout, des barons de ma façon, des comtes, et douze pairs autour de ma Table-Ronde. Où les prendrai-je ? Chez les boutiquiers ? Je me brouille avec les légitimistes. Chez les légitimistes ? Je me brouille avec les boutiquiers. Il faut donc me passer de comtes, de barons, de Table-Ronde. Fâcheux commencement, vous l'avouerez. Le système manque déjà de base. Quel empereur se vit réduit à cette nécessité dès son avénement ?

Je ne puis ne pas voir que cette France, découpée en 1815, est bien petite pour un empire français ; mes regards la dépassent de tous côtés. D'ailleurs, je vous prie, de bonne foi, qu'est-ce qu'un empereur qui n'est pas maître au moins de l'empire romain ? En ferai-je la conquête ? Vrai-

ment elle me tente. Partirai-je pour la guerre?
Voulez-vous me suivre? Allons! je vois à vos
physionomies qu'il me faut déjà renoncer à Ma‾
rengo et Austerlitz.

Au moins, me laisserez-vous, tranquillement
et sans débats, imiter les Césars de Rome? Ils
ont renversé la vieille société, sans bâtir la nouvelle; ils ont aboli le patriciat, nivelé la noblesse, exterminé les riches sans enrichir les
pauvres. Est-ce là ce que vous demandez de
moi dans l'*ère des Césars*? Expliquez-vous clairement.

Une immense espérance m'a porté sur le faîte.
Il faut faire quelque chose; voyons, qu'attendez-
dez-vous de moi? Préparer le légitimisme, conserver l'orléanisme, garantir le républicanisme,
sauvegarder l'ultramontanisme, patroner le bourgeois, anoblir l'ouvrier, est-ce tout? Par où com-
mencer? Je ne saurais, en vérité, toucher à un
point, sans m'aliéner tous les autres, tant vos

vœux sont contradictoires. Puisque je ne puis
imiter ni César ni Napoléon, et que tout le reste
a des inconvénients, le plus sage. je pense, sera
d'imiter mes prédécesseurs, en prenant leur de-
vise : Rien, rien, toujours rien.

Cependant le monde est impatient, il s'agite.
Plus il a espéré, plus il se détache. Qui jamais
aurait cru que ces hommes, si courbés, si pro-
sternés hier à mon sacre, se seraient relevés avec
tant d'insolence? Que cette nation est chan-
geante ! la voilà maintenant qui demande des gages ! Mes fidèles sont devenus les plus exigeants;
prêts à la révolte, ils vont répétant partout que
je les ai trompés, sans voir que les contradic-
tions qu'ils attendaient de moi rendent mon empire impossible.

Ne pouvant dormir, le cœur plein de soucis,
les bras croisés sur la poitrine, je passe, sur le
minuit, au Carrousel, la revue des morts de Wa-
terloo, ainsi qu'on peut le voir dans la gravure

de Raffet. Les chevaux, pâles comme celui de l'Apocalypse, galopent dans la brume; il ont perdu le frein et la bride. Les cavaliers, les yeux fixes et flamboyants, passent sans saluer de l'épée, car leurs bras se sont roidis sous la terre; ils n'obéissent plus à aucun mot d'ordre d'ici-bas. — Eh bien! mes braves, qu'en pensez-vous? — Soudain, de leurs rangs, part, au défilé, une voix rauque, comme celle des ossements : — « Avons-nous mordu la poussière pour le « plaisir des rois? Sommes-nous donc morts à « Ligny pour les blancs ? à Mont-Saint-Jean pour « Loyola? » Rien de plus. A ces mots, mon étoile se cache. Je rentre en mon palais. Toujours, partout, la voix terrible me suit jusqu'à mon chevet. J'y reconnais un avertissement d'en haut. Triste retour des choses humaines, qui m'en annonce un plus grand !

Comment cela finira-t-il ? — Sire, ce n'est pas une émeute, c'est une révolution. — La coa-

lition qui m'a nommé s'est rompue en lam-
beaux ; chacun de ses tronçons s'acharne contre
moi. Je n'ai pires ennemis que ceux qui attendaient tout de moi, follement. Aujourd'hui, mais
trop tard, je vois que mes bons conseillers
étaient ceux qui voulaient me faire redevenir
simple citoyen. Que ne les ai-je écoutés ! de
grands malheurs eussent été épargnés, à moi et
au monde ! Sans avoir eu mon Marengo, aurai-je
donc mon Sainte-Hélène !

Sur cela, lecteurs, j'abdique ici l'empire, avant
que *le Bellérophon* n'entre dans le port.

CONCLUSION.

—

En sortant des utopies pour rentrer dans la République, je découvre dans cette forme de gouvernement un désavantage dont je ne m'étais pas aperçu et que je ne saurais dissimuler. C'est d'être possible, et surtout d'exister.

Quoi ! descendre sitôt du ciel des chimères, lâcher déjà l'ombre pour la proie, l'imaginaire pour le réel, revenir simplement à ce que la nature des choses a mis sous notre main, quitter fumées, illusions ; accepter le possible, l'améliorer même, fi donc! Nous prend-on pour des bourgeois? Comment! plus de révolutions, plus d'inconnu, plus de trônes détruits aussitôt que relevés, plus d'empereurs qui traversent la terre en trois pas, d'Ajaccio à Sainte-Hélène! plus de renversements, ni d'écroulements! Au lieu de cela le mouvement régulier de la volonté nationale exprimée sans violence, tout uniment, sans bris de royaumes et d'empires; le droit, la légalité, la sincérité (j'allais presque ajouter la formule écrite sur nos monuments), quel ennui profond! quel désœuvrement! Comment passer la journée sans voir tomber au moins une monarchie?

Je l'ai avoué en commençant; ces inconvénients ne sont que trop réels. La République peut être, puisqu'elle est. Fâcheuse impression et presque irrémédiable auprès du cœur de l'homme, si dégoûté de ce qu'il peut avoir, si amoureux de l'impossible!

Cependant, en creusant davantage, peut-être pourrions-nous rencontrer aussi chez nous, dans notre régime, quelque chimère, quelque mélange d'impossible qui rachèterait ce défaut de notre cause. Exemple : la loi du 31 mai. Vous nous liez bras et jambes, après quoi vous nous dites : « Je gage que tu ne cours pas si vite que moi. Si tu n'acceptes pas, la preuve est évidente que tu te défies de tes forces, et j'ai gagné mon pari. » Penser que nous tombions dans ce piége, et que le monde s'y trompe, voilà déjà vraiment une très-bonne utopie.

Il s'en trouverait d'autres. Si la Révolution française s'arrêtait où nous sommes, croit-on qu'elle vaudrait ce qu'elle a coûté? Serait-ce là le juste payement de tant de sang versé? Certes, notre nation a prêté au dehors, depuis 1815, en toute occasion, son appui aux libertés du monde. En 1822, elle a étouffé, par la force, la Révolution en Espagne; en 1847, la Révolution en Portugal; en 1848, la Révolution en Italie. Ce sont là des services. Mais enfin est-ce tout? Avons-nous accompli par là chacune des promesses de nos pères? L'imaginer est une utopie qui ne cède en rien à la précédente.

Que serait-ce, si je lisais dans l'avenir? Je vous verrais unis, la main dans la main, oubliant vos querelles, frères, non pas de bouche, mais de cœur, au giron de la France, qui ouvrirait ses grands bras pour embrasser le monde. Personne, alors, ne pourrait croire qu'il fut un temps où l'on disputait le suffrage à l'ouvrier, au paysan. Car, grâce à leurs mains, cette terre, qui est la nôtre, fleurirait de moissons sans pareilles, où chacun de nous pourrait glaner, et l'industrie y ferait ses miracles. Nul ne saurait plus ce que c'est que la faim et le gel; mais chacun viendrait en aide à son voisin. En promettant moins, nous tiendrions davantage, et les morts en souriraient dans leurs tombeaux. L'étranger dirait : « Voyez, comme ici la glèbe rit sous les gerbes ! Comme les fleuves sont orgueilleux en baisant leurs rives, tout chargés des trésors des métiers. Il semble que cette terre se glorifie de porter un peuple d'hommes libres. C'est qu'ils ont combattu, ils ont lutté sans jamais perdre courage. Et maintenant, le cœur en paix, ils recueillent la joie qu'ils ont semée. Retournons chez nous les imiter. »

Sans aller plus loin, on voit, par ce discours, que l'utopie ne nous est point absolument impossible, et cela doit achever de convertir nos plus obstinés adversaires. Je pourrais même en dire davantage sur ce point; mais je le juge inutile aujourd'hui, et je me tais.

————

TABLE.

—

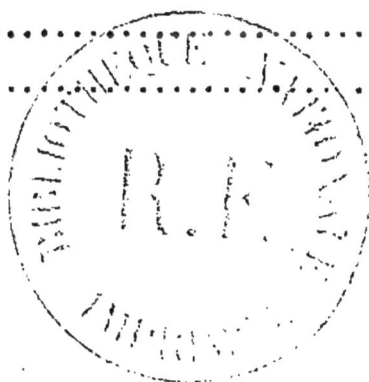

Paris. — Imprimerie SCHNEIDER, rue d'Erfurth, 1.

www.ingramcontent.com/pod-product-compliance
Lightning Source LLC
Chambersburg PA
CBHW060626100426
42744CB00008B/1512